W9-CHT-739

CLASSIC IRISH PROVERBS

CLASSIC IRISH PROVERBS

In English and Irish

James O'Donnell

Illustrated by Brian Fitzgerald

CHRONICLE BOOKS

SAN FRANCISCO

✠

D'fhear cogaidh comhaltar síocháin.

To a man prepared for war, peace is assured.

Níor chaill fear an mhisnigh riamh é.

The man of courage never lost it.

✠

Ní hé lá na gaoithe lá na scolb.

The windy day is not the day for thatching.

✠

Níl cogadh is géire ná cogadh na gcarad,

ach ní bhíonn sé buan.

No war is more bitter than the war of friends,

but it does not last long.

✠

Is cuma leis an óige cá leagann sí a cos.

Youth does not mind where it sets its foot.

Ní dhíolann dearmhad fiacha.

Forgetting a debt does not pay it.

✠

Nuair a bhíos an braon istigh bíonn an chiall amuigh.

When the drop is inside, the sense is outside.

Beagán agus a rá go maith.

Say little but say it well.

✠

Múchadh feirge sofhreagra.

A soft answer turns away anger.

✠

Is fearr rith maith ná drochsheasamh.

A good retreat is better than a poor fight.

✠

An té ná gabhann comhairle gabhadh sé comhrac.

Let him who will not take advice have conflict.

Gach aoinne ag cur a bhó féin thar abhainn.

Everyone looks after himself.

✠

Bíonn an fear deireanach díobhálach.

One should not leave things too late.

✠

Níl aon leigheas ar an ngrá ach pósadh.

The only cure for love is marriage.

Is beag an rud is buaine ná an duine.

The smallest of things outlives the human being.

✠

Síleann do chara agus do namhaid nach bhfaighidh tú bás choíche.

Both your friend and your enemy think that you will never die.

✠

Binn béal' na chónaí.

The mouth that speaks not is sweet to hear.

✠

Ná bris do loirgín ar sdól nach bhfuil ann do shlighe.

Don't break your shin on a stool

that is not in your way.

✠

Ní gnách cosaint ar díth tiarna.

Rarely is a fight continued when the chief has fallen.

Is fearr súil romhat ná dhá shúil id dhiaidh.

One look ahead is better than two looks behind.

✠

Is buaine bladh ná saol.

Fame lives on after death.

✠

Goid ó ghadaí goid gan pheaca.

Stealing from a thief is not a sin.

✠

Dá fhad lá, tagann oíche.

Even the longest day has its end.

✠

Ní scéal rúin é ó tá a fhios ag triúr é.

It is not a secret if three know it.

...Éist le fuaim na habhann agus gheobhaidh tú breac.

Listen to the sound of the river

and you will get a trout.

✠

Nuair a thiocfas an bás ní imeoidh sé folamh.

When death comes it will not go away empty.

✠

Is fearr glas ná amhras.

Better be sure than sorry.

Is iomaí craiceanna chuireas an óige di.

Youth sheds many a skin.

✠

Múineann gá seift.

Need teaches a plan.

✠

Is sia a théann an t-éitheach ná an fhírinne.

A lie travels farther than the truth.

Is iomdha athrú a chuireann lá Márta dhe.

There is a lot of weather in a March day.

✠

Níor bhris focal maith fiacail riamh.

A kind word never broke anyone's mouth.

✠

Ní choirtear fear na héadála.

One does not tire of a profitable occupation.

✠

Bíonn súil le muir ach ní bhíonn súil le tír.

There is hope from the sea but there

is no hope from the land.

Ní uasal ná íseal ach thuas seal agus thíos seal.

It is not a matter of upper or lower class

but of ups and downs.

✠

Adeir siad go gcanann meisce nó fearg fíor.

Drunkeness and anger speak truthfully.

✠

As an obair a thagann an fhoghlaim.

Learning comes through work.

✠

Ná tabhair taobh le fear fala.

Trust not a spiteful man.

I ríocht na ndall is rí fear aonroisc.

In the land of the blind, the one-eyed man is king.

✠

Uain ná taoide ní fhanaid le haon duine.

Time and tide wait for no man.

✠

Bíonn cead cainte ag fear caillte na himeartha.

The loser can always talk.

Giorra cabhair Dé ná an doras.

God's help is nearer than the door.

✠

Fearr seanfhiacha ná seanfhala.

Better old debts than old grudges.

✠

Is trom cearc i bhfad.

A hen is heavy when carried far.

✠

Is milis á ól é ach is searbh á íoc é.

The wine is sweet, the paying bitter.

Bíonn an bás ar aghaidh an tseanduine

agus ar chúl an duine óig.

Death is in front of the old person and at the

back of the young person.

✠

Cad do dhéanfadh mac an chait ach luch

do mharbhadh?

What would a kitten do but kill a mouse?

✠

Is é do mhac do mhac go bpósann sé ach is í d'iníon

go bhfaighidh tú bás.

Your son is your son until he marries but

your daughter is your daughter until you die.

Ceileann searc ainimh is locht.

Love is blind to blemishes and faults.

✠

Chaithfeadh aoinne airgead ach is fear gasta a bhaileodh é.

Anyone can spend money but it's a clever man who gathers it.

Níl aon dlí ar an riachtanas.

Necessity knows no law.

✠

Buann an fhoighne ar an chinniúint.

Patience conquers destiny.

✠

Ná gearradh do theanga do sgórnach.

Don't let your tongue cut your throat.

✠

An beagán, go minic, a fhágas roic sa sparán.

A little, often, leaves wrinkles in the purse.

Ar scáth a chéile a mhaireas na daoine.

Man is a social animal.

✠

Déanann seilbh sásamh.

Possession brings comfort.

✠

Déan aon uair is beidh sé déanta faoi dheoidh.

Do it right once and it will be done forever.

✠

Mol an óige agus tiocfaidh sí.

Praise the young and they will flourish.

Ní caidreamh go haontíos.

One must live with a person to know that person.

✠

I ngan fhios don dlí is fearr bheith ann.

It is better to exist unknown to the law.

✠

Is beag an dealg a dhéanas sileadh.

Even a small thorn causes festering.

✠

Is maith an scáthán súil carad.

A friend's eye is a good mirror.

B'fhearr liom bean na bhfiche seift ná bean na bhfiche punt.

I would rather have a clever woman than a rich one.

✠

Drochubh, drochéan.

A bad egg, a bad bird.

✠

Ní hí an bhreáthacht a chuireann an crocán ag fiuchadh.

Beauty will not make the pot boil.

✠

I gcosa duine a bhíos a shláinte.

A person's health is in his feet.

Ceannaigh an maor is ní baol duit an máistir.

Buy the steward and you needn't fear the master.

✠

Buan fear ina dhúiche.

A man lives long in his native place.

✠

Ná bris reacht is ná déan reacht.

Neither break a law nor make one.

Is ceirín do gach créacht an fhoighne.

Patience is a poultice for all wounds.

✠

Tá onóir ag an aois agus uaisle ag an óige.

Age is honorable and youth is noble.

✠

Mura gcuirfidh tú san earrach ní bhainfidh tú san fhómhar.

If you do not sow in spring you will not reap in autumn.

Dá fheabhas é an t-ól is é an tart a dheireadh.

Good as drink is, it ends in thirst.

✠

Ní dhéanfadh an domhan capall rása d'asal.

You can't make a silk purse out of a sow's ear.

✠

Aithnítear duine ar an ndéirc.

A person is known by his charity.

✠

Tar éis a chítear gach beart.

It is afterwards that events are best understood.

✠

An uair a bhíonn do lámh i mbéal an mhadra,

tarraing go réidh í.

When your hand is in the dog's mouth,

withdraw it gently.

Ní easpa go díth carad.

There is no need like the lack of a friend.

✠

Mura n-oirean an caipín duit ná caith é.

If the cap doesn't fit, don't wear it.

✠

Tús agus deireadh an duine tarringt ar an tine.

The beginning and end of one's life is

to draw closer to the fire.

Cibé a théann as nó nach dtéann, ní théann fear na hidirghabhála.

No matter who comes off well, the peace-maker is sure to come off ill.

✠

An té a dtéann cáil na mochéirí amach dó ní miste dó codladh go méan lae.

He who gets a name for rising early can stay in bed until noon.

✠

Is í an dias is troime is ísle a chromas a ceann.

The heaviest ear of grain bends its head the lowest.

✠

Molann an obair an fear.

The work praises the man.

Is cuma le fear na mbróg cá leagann sé a chos.

The man with the boots does not mind

where he places his feet.

✠

Ní hé an té is fearr a thuilleann is mó a fhaigheann.

The most deserving doesn't always get the reward.

✠

Bíonn dhá insint ar scéal agus dhá leagan

déag ar amhrán.

There are two versions of every story

and twelve versions of every song.

✠

Ceileann súil an ní ná feiceann.

The eye shuns what it does not see.

Ní bhíonn an rath ach mar a mbíonn an smacht.

There is no work except where there is discipline.

✠

Ag duine féin is fearr fios cá luíonn a bhóg air.

The wearer best knows where the shoe pinches.

✠

Bíonn grásta Dé idir an diallait agus an talamh.

The grace of God is found between the saddle and the ground.

An té a thabharfas scéal chugat tabharfaidh sé dhá scéal uait.

He who comes with a story to you will bring two away from you.

✠

Is fearr a bheith ag lorg bídh ná a bheith ag lorg goile.

It is better to be looking for food than to be looking for an appetite.

Ní neart go cur le chéile.

There is no strength without unity.

✠

Ná tabhair do chúl le comhairle ar mhaithe leat.

Don't turn your back on good advice.

✠

Maireann croí éadrom i bhfad.

A light heart lives long.

✠

Ní thuigeann an sách an seang.

The well-fed does not understand the lean.

De réir a chéile a thogtar na caisleáin.

It takes time to build castles.

✠

Druid le fear na broid agus gheobhair conradh.

Go to a man who is in difficulty

and you'll get a bargain.

✠

Cuir síoda ar ghabhar agus is gabhar i gcónaí é.

Put silk on a goat and it is still a goat.

Is é an tart deireadh an óil agus is é an brón deireadh na meisce.

Thirst is the end of drinking and sorrow is the end of drunkenness.

✠

Bíonn an rath i mbun na ranna.

There is luck in sharing a thing.

✠

Ní raibh cuibheasach ina thaoiseach mhaith riamh.

The mediocre man never makes a good leader.

✠

Ná nocht d'fhiacla go bhféadfair an greim do bhreith.

Do not show your teeth until you can bite.

✠

Is olc an chearc nach scríobann di féin.

It is a bad hen that does not scratch for herself.

Is túisce deoch ná scéal.

A drink precedes a story.

✠

Obair ó chrích obair bhean tí.

Work without end is housewife's work.

✠

Teagmhíonn na daoine ar a chéile,

is ní theagmhaíonn na cnoic ná na sléibthe.

Men may meet but mountains never greet.

✠

Dána gach madra i ndoras a thí féin.

Every dog is brave on his own doorstep.

Sgoilteann an bhreab an chloch.

Bribery can split a stone.

✠

Ná héiligh do cheart go bhfeicir do neart.

Don't demand your rights until you have the power.

✠

Is fada an bóthar nach mbíonn casadh ann.

It is a long road that has no turning.

Ní ar aon chois a tháinig Pádraig go hÉirinn.

It was not on one foot that St Patrick came to Ireland.

✠

Coinnigh an cnámh is leanfaidh an madra thú.

Keep hold of the bone and the dog will follow you.

✠

Ní choinníonn an soitheach acht a lán.

A vessel holds only its fill.

✠

Níl aon tinteán mar do thinteán féin.

There is no place like home.

✠

Ní mhaireann rith maith ag an each igcónaí.

The steed does not retain its speed forever.

An té a bhfuil bólacht ar cnoc aige ní bhíonn suaimhneas ar sop aige.

He who has cattle on the hill will not sleep easy.

✠

Is fearr greim de choinín ná dhá ghreim de chat.

A little of a good thing is better than too much of a bad thing.

✠

Ní fearr bia ná ciall.

Good sense is as important as food.

✠

An rud a líonas an tsúil líonann sé an croí.

What fills the eye fills the heart.

Is furasta deagadh ar aithinne fhorloiscthe.

Burning embers are easily kindled.

✠

Uireasa a mhéadaíonn cumha.

Absence increases sorrow.

✠

Minic a mheath dóigh is a tháinig andóigh.

Often have the likely failed and the unlikely prospered.

Toigh do chuideachta sula raghair ag ól.

Choose your company before you go drinking.

✠

Giorraíonn beirt bóthar.

Two shorten the road.

✠

Is iad na muca ciúine a itheas an mhin.

It is the quiet pigs that eat the meal.

Ní cuimhnightear ar an arán atá ithte.

Eaten bread is forgotten.

✠

An áit a bhfuil do chroí is ann a thabharfas do chosa thú.

Your feet will bring you to where your heart is.

✠

Ní théann urraim thar dhoirteadh fola.

Reverence ceases once blood is spilt.

Ní thagann ciall roimh aois.

Youth will have its fling.

✠

Deánann deabhadh.

Haste makes mistakes.

✠

Uaisle a éisteas le healaíon.

It is a sign of nobility to patronise art.

First published in 1997 by
The Appletree Press Ltd, 19-21 Alfred Street,
Belfast, BT2 8DL
Tel: ++44 1232 243074
Fax: ++44 1232 246756
email:frontdesk@appletree.ie
website:www.irelandseye.com

Classic Irish Proverbs

First published in the United States in 1998
by Chronicle Books, 85 Second Street,
San Francisco, California 94105

Distributed in Canada by Raincoast Books
8680 Cambie Street
VANCOUVER BC
V6P 6M9

Website: www.chronbooks.com

ISBN 0-8118-1973-6

9 8 7 6 5 4 3 2 1